Ifan Gruffydd

y Lolfa

*Cyflwynaf y gyfrol hon i
Fflos, Bob, Scot a Carlo
am gasglu'r defed.*

Argraffiad cyntaf: 2010

Dymuna'r cyhoeddwyr gydnabod cymorth ariannol
Cyngor Llyfrau Cymru

Cartwnau: Anthony Kelly

Rhif Llyfr Rhyngwladol:
ISBN: 978 1 84771 289 9

Cyhoeddwyd, argraffwyd a rhwymwyd yng Nghymru
gan Y Lolfa Cyf., Talybont, Ceredigion SY24 5HE
e-bost ylolfa@ylolfa.com
gwefan www.ylolfa.com
ffôn (01970) 832 304
ffacs 832 782

Cynnwys

Y Ffarmwr

Roedd gan y diweddar enwog Parch. Jacob Davies, Alltyblaca, ddwy ddarlith enwog iawn. Enw un oedd 'Dyn bach o'r wlad' a'r llall oedd 'Dyn bach od'. Wel, 'wy'n nabod cymeriad sy'n ffitio'r ddau gategori yna i'r dim a hwnnw yw, y ffarmwr. Ie, y ffarmwr. Ma fe'n ddyn bach o'r wlad achos dyna lle ma'r rhan fwya ohonyn nhw'n byw, 'na ble y'ch chi'n ffindio'r rhan fwya o ffermydd, ond ma fe hefyd yn ddyn bach od. Falle nad yw e'n od iddo fe'i hunan, ond i lawer o bobol erill ma fe'n ddyn bach od. 'Wy'n gallu mentro dweud hynny am mod i'n un ohonyn nhw.

Nawr, mae'n ddigon hawdd i chi nabod ffarmwr o bell. I ddechre, ma fe'n cer'ed yn wahanol i bawb arall. Dyw e ddim yn fachan ysgafn droed ac erbyn bydd e'n ganol oed ma fe'n dechre hercian wrth geisio gwachlyd rhyw hip neu benglin neu, yn waeth byth falle, y ddau ar yr un pryd. Wedyn, ma naw o bob deg ohonyn nhw'n gwisgo cap ar eu penne. 'Wy'n gwbod beth ry'ch chi'n mynd i weud... ma pobol erill yn gwisgo cape, a chi'n iawn! Ond y ffarmwr sy'n cadw ffatrïoedd cape ar agor – bydde'r gweithwyr ar *three day week* neu'r ffatri wedi hen gau oni bai am y ffarmwr. Pan welwch chi ambell ffarmwr heb ei gap mewn angladd neu briodas mae'n anodd credu mai nhw y'n nhw. I weud y gwir mae'n anodd i chi beidio â stêrio arnyn nhw. Dy'n nhw ddim yn edrych yn gysurus heb gap ac ma 'na rhyw hiraeth a thristwch yn 'u llyged nhw.

O fis Tachwedd i fis Ebrill bob blwyddyn, ble bynnag yr eith e, mae'r ffarmwr yn sefyll allan fel asyn mewn Grand National, achos yn ystod y chwe mis yma o'r flwyddyn ma fe'n drewi o silwair. Nawr, pe baech chi'n mynd i unrhyw adeilad cyhoeddus yng nghefen gwlad ac yn gwisgo mwgwd dros eich llyged, fe fyddech chi'n gallu dweud, dim ond wrth gamu drwy'r drws, a oes 'na ffarmwr yno ar y pryd neu wedi bod 'na yn ystod y mis dwetha. A'r rheswm? Fe fydde 'Chanel Silage Rhif Un' – hefo tipyn bach o rif dau – yn wafftio drwy'r lle ac i fyny'ch ffroene chi. Y broblem yw, dyw'r dyn bach o'r wlad ddim yn sylweddoli ei fod e'n aroglu mor erchyll a heb os nac oni bai ma'i synnwyr e o arogl fel un y wiwer – yn mynd i gysgu dros y gaeaf. Ond cofiwch un peth – dyw e ddim ar ei ben ei hunan! Ma pobol sy'n byta garlleg yn yr un cart, yn gadel rhaff o arogle ble bynnag ma nhw'n mynd.

Wrth gwrs mae'r ffarmwr wedi ennill ei enwogrwydd mwya, yng ngolwg y boblogeth, am achwyn. Ie, achwyn, a phe bydde achwyn yn y Gêmau Olympaidd fe fydde'r ffarmwr yn hanner crogi efo medalau aur. Ond ma'n rhaid i chi sylweddoli pam ei fod e'n achwyn cymaint. Chi'n gweld, pob dim ma fe'n ei dyfu neu'n ei fagu, does 'da'r pŵr dab ddim cliw faint ma fe'n mynd i ga'l wrth 'i werthu fe. Fe yw'r unig ddyn busnes sy ddim yn berchen ar *price list*. Enwch chi unrhyw siop neu archfarchnad ac fe welwch chi weithwyr yn mynd o gwmpas yn stampio pris ar y nwyddau efo peiriant bach. Ew, pe bai ffermwyr yn cael defnyddio un o'r rheiny! Meddyliwch amdano fe'n stampio pen ôl pob dafad a buwch! Yr unig ddanjer yw y galle fe farw o hapusrwydd, ac, yn ben ar y cwbwl bydde'r undebe amaethyddol i gyd ar y dôl. Na, gadel pethe fel y ma nhw fydde ore, rhag ofn, yntefe.

Ma'r ffarmwr yn foi iawn yn y bôn, ma fe'n greadur eitha bodlon ar y cyfan, sdim ise i chi fod â'i ofan e, wir nawr – cyn belled â bod y pwdl 'na sy 'da chi ar dennyn, pan fyddwch chi'n ei wâco fe trwy'i ga' o dan y tŷ.

§

Postmon yn rhedeg mewn i dŷ ffarm gan weiddi, 'Mr Jones! Mr Jones!'

'Ie? Ie?' gofynnodd y ffarmwr. 'Be sy'n bod?'

'Wel,' medde'r postmon, 'ma 'na dair o'ch ieir chi wedi stopo dodwy'r bore 'ma!'

'Bachan! Sut y'ch chi'n gwbod?'

'Achos rwy newydd yrru dros eu penne nhw!!' atebodd y postmon.

Defed

Faswn i'n barod i weud bod y rhan fwya o'r boblogeth yn gweld cwpwl o'r rhain bob dydd. Ydyn, ma nhw'n llond pob lle, presennol ymhob man. Yn ôl y sôn, ma gyda ni rhyw naw miliwn o ddefed yng Nghymru. Ie, defed!

Ma beirdd wedi cynganeddu eu henwe nhw a chantorion wedi canu eu clodydd nhw. Ma dafad wedi chware rhan bwysig yn hanes dynoliaeth o'r dechre, ac ma effaith y ddafad i'w weld ar ddyn ble bynnag ma fe – yn hwyr neu'n hwyrach ma dafad yn siŵr o hwpo'i thrwyn i mewn yn rhywle. Ma'r Beibl yn llawn o ddefed a bugeilied, ac ma defed wedi bod yn rhan bwysig o'r gwylie crefyddol Cristnogol. Does dim sôn bod dafad yng Ngardd Eden – dyna un rheswm pam bod y lle'n baradwys – ond unwaith y cafodd

Adda'i dowlu mas o 'na, fe landodd e yng nghanol defed. Ac oherwydd cenfigen am oen, fe laddodd Cain ei frawd, Abel. Unwaith ma defed yn dod i mewn i'ch bywyd chi fydd pethe byth yr un fath wedyn.

Nawr, os digwydd i chi ga'l rhyw funud o wallgofrwydd a phenderfynu eich bod chi am fynd ati i gadw defed, bydded nhw'n ddwy ddafad, yn ddau gant neu'n ddwy fil, ma 'na rai pethe sy'n hanfodol i fi eich atgoffa chi. Ble

bynnag y byddwch chi'n cadw'r defed 'ma, gofalwch bod gyda chi ffens o'u hamgylch nhw, achos heb ffens gewch chi ddim llawer o lonydd! Ma dafad heb ffens yn debyg iawn, wel yn debyg iawn, i sut rown i pan own i'n ugen oed – byth gatre! Ac yn waeth na hynny, os oes gyda chi gymdogion a ffrindie, fyddan nhw ddim gyda chi'n hir os bydd eich defed chi wedi byta porfa'r ffarmwr drws nesa, neu fyta blode Mrs Jones, neu wedi caca ar darmac newydd Dr Williams. Felly ma'n rhaid ca'l ffens.

Ond wedi dweud hynna, ffeindiwch chi ddim creadur mwy annwyl a diniwed na dafad, ac mae'n hollol ddiamddiffyn. Mae hi'n dibynnu ar drugaredd pawb a phopeth a does 'na ddim un creadur sy â chymaint o elynion nac afiechydon â dafad. Ond, trwy lwc, dyw hi ddim yn sylweddoli hynny neu fe fydden nhw i gyd yn hollol *paranoid*. Ma popeth am eu herlid nhw – y cŵn, y cadno a'r moch daear, heb sôn am lynger ar yr ysgyfaint, llynger y coluddion, llau ar y croen, clafr ar y croen a'r cynrhon drwy'r haf. Byddan nhw hefyd yn diodde o dra'd tost drwy'r flwyddyn ac o'r pendro, ymhlith pethe erill. Fe fyddwn i'n fodlon tyngu nad oes gan ddefed ond un hobi, a hynny yw… marw! Ydyn, ma defed yn joio marw. Does dim ise ond un salwch bach arnyn nhw a choese lan fydd hi a bol wedi chwyddo. Felly os y'ch chi o'r farn mai 'na i gyd sy ise i chi neud i gadw defed yw eu prynu nhw a'u rhoi nhw mewn ca' ac anghofio amdanyn nhw, wel fe allwch chi'u anghofio nhw'n llythrennol achos fyddan nhw ddim gyda chi'n hir iawn!

Ma'n rhaid i fi gyfadde, un peth sy'n mynd dan 'y nghroen i ar brydie yw shwt ma'r Saeson yn meddwl ei fod e'n ddigri iawn i ddweud jôcs am ein perthynas ni'r Cymry â defed. Wel, dim ond un ffordd sy o'u hateb, sef gofyn iddyn nhw pa greadur sy wedi'u cynrychioli *nhw* ar hyd y canrifoedd? Yr ateb, wrth gwrs, yw'r bwldog. Ydych chi wedi cwrdd â bwldog? Os y'ch chi, does dim ise dweud rhagor, achos ma fe'n edrych fel 'se fe ar hanner byta gwyneb 'i hunan. Na, diolch am y ddafad 'weda i. Meddyliwch mor wag ac unig fydde ein gwlad fach ni heb ddefed ar y caeau a'r mynydde.

Rai blynydde yn ôl rown i'n beirniadu mewn Eisteddfod Ddwl a hyd yn oed mewn eisteddfod felly fe gewch chi ddoethinebe mawr weithie. Teitl y limrig y noson honno oedd 'O ben mynydd Tychrug rwy'n gweled'. A dyma'r gampwaith enillodd a hynny'n haeddiannol, heb os ac oni bai:

O ben mynydd Tychrug rwy'n gweled
Defed a defed a defed,
A defed a defed,
A defed a defed,
A defed a defed a defed.

Sdim byd arall i'w ddweud, oes e? Heblaw eistedded y bardd a.y.y.b.

§

Noson oer iawn a'r ffôn yn canu mewn tŷ ffarm fach fynyddig. Y ffarmwr yn gorfod codi yn ei *long johns* a mynd i lawr y grisiau i ateb y ffôn, a dyma lais y plismon lleol yn holi, 'Mr Sam Ifans, Brynuchaf, ife?'

'Ie! Ie! Sam yn siarad,' atebodd braidd yn flin wrth sefyll yn yr oerfel.

'Wel,' ychwanegodd y plismon, 'mae'ch defed chi mas ar y rhewl fawr. Beth y'ch chi'n mynd i neud amdanyn nhw?'

'O, dim byd!' medde Sam. 'Ffonwch y banc manijer, achos fe sy'n berchen arnyn nhw!!'

Yr Hwrdd

Fe fydda i'n meddwl yn amal fod bywyd rhyfedd iawn gyda hyrddod. Wedi'r cyfan, am ryw ddeg mis o'r flwyddyn, yr hwrdd yw'r creadur sy'n ca'l y lleia o sylw ar y ffarm. Wrth gwrs, mae e'n gallu bod yn greadur digon blin, dyw e ddim yn fachan i 'ware ambiti ag e, yn enwedig os yw e'n berchen ar bâr o gyrne. Am dri chwarter o'r flwyddyn mae e'n byw fel bonheddwr, does dim 'da fe i 'neud ond byta, yfed a gorwedd. A fydde pob cneifiwr yn dweud wrthoch chi bod cneifio hyrddod yn boen yn y... bechingalw! Maen nhw'n fowr, yn drwm ac yn ddrwg eu hwylie bob tro byddwch chi am ymhél â nhw.

Ond pan ddaw mis Medi dim ond un peth sy ar feddwl ffermwyr defed a hynny yw *hyrddod*. Ie, hyrddod! Yn sydyn reit, fe yw'r creadur mwya pwysig ar galendr

pob ffarmwr defed. A dyna ble fyddan
nhw'n gyrru o un sêl hyrddod i'r llall
fel ieir wedi colli'u pennau, a phob lliw
a llun o hyrddod yn cael eu cludo fel

brenhinoedd o farchnad i ffermydd dros y wlad gyfan. Yna, am ryw ddau fis yn yr hydref, nhw yw'r duwie rhywiol. Ie, *sex gods* cefen gwlad!

Mae amal i hwrdd yn ymddwyn fel 'se fe wedi llyncu llond bwced o Viagra am rai wythnose cyn ca'l ei ollwng mas gyda'i wragedd. Does 'na'r un glwyd, na ffens, na drws ambell sied yn ddiogel os oes 'na hwrdd yn ca'l 'i gyfyngu ar yr ochor arall. Hobi arall iddynt yn ystod yr amser 'ma hefyd yw ceisio lladd 'i gilydd, a sdim byd yn well ganddyn nhw na cha'l ffeit dda, yn enwedig hyrddod corniog – ie, hollti penne'i gilydd nes bod y lle'n eco, ac 'wy'n siŵr fod pob un yn meddwl, 'Os caf i wared ar hwn fe all fy mywyd rhywiol i ddwblu gydag un glatsien iawn'. Os y'ch chi wedi talu ffortiwn am hwrdd sbesial, wel gofal piau hi, rhag ofn i chi fynd i'r ca' rhyw fore ar ôl gornest gyrniog ac mai R.I.P. yw hanes y Romeo newydd.

Ar ôl i'r cyfnod o blesera ddod i ben, a'r gwragedd yn fodlon eu byd, rhyw fywyd o neud dim fydd yn disgwyl yr hen hwrdd – ar y dôl, colli'i barch dros nos a chael ei alw'n niwsans – dyna'n amal fydd ei hanes. Ond rhaid cofio, fedr cylch blynyddol y bugail a'i braidd ddim cychwyn heb yr hen hwrdd, ac os y'n ni am ddweud 'Pwy faga ddefed?' wel, heb yr hen hwrdd, yr ateb syml yw *neb*.

§

Hen Gardi o ffarmwr yn pwyso ar y gât, yn edrych dros y cae ar ei ffarm ac yn edmygu ei hwrdd newydd. Ar hyn, daw cerddwr heibio gan ddweud helô a dechrau codi sgwrs efo'r ffarmwr.

'Ma gyda chi hwrdd pert iawn yn y ca' 'na.'

'O o's, *ma* fe'n un pert. Ma hwn yn bedigri, chi'n gweld,' medde'r ffarmwr.

'Dwedwch wrtha i,' holodd y cerddwr gan ddangos cryn ddiddordeb. 'Faint yw ei werth e?'

'O, 'weda i wrthoch chi nawr. Ma fe

werth o leia mil o bunne,' oedd ei ateb. 'Ond cofiwch, 'se fe'n ca'l 'i ladd gan fellten, byse fe'n werth dros ddwy fil!'

Y Sioe

Heb os nac oni bai ma 'na un peth y byddwn ni'r Cymry'n ei wneud yn well na bron neb yn Ewrop, a hynny yw trefnu'r sioe amaethyddol yn Llanelwedd. Ie, y Royal Welsh! Sdim sioe i gyffwrdd â'n

sioe ni yng Nghymru. Ma'r Saeson wedi gorfod cau siop gan nad oedd neb yn mynd i'w sioe nhw. Ond ambell waith fe fydda i'n gweld y sioe yn debyg iawn i'r Nadolig, achos ma pawb yn edrych mla'n i fynd iddi, ac ar ôl pedwar diwrnod, neu un yn fy achos i, ma'r rhan fwya'n dweud, 'Diolch byth! Ma hi drosodd am flwyddyn arall'. O ie, ac ychwanegu, 'Bydd yn rhaid gwario llai y flwyddyn nesa'. Fel Cardi, fe fydda i'n gofyn i fi'n hunan ambell waith pam mod i'n talu cyment am dreulio diwrnod cyfan mewn ca', pan fo digon o'r rheiny gen i adre. Ond, wrth gwrs, gelen i mo'r un profiade adre ag y celen i ar ga'r sioe − cerdded o amgylch y peirianne, sy mor fawr a drud fel y bydde'n rhaid i fi werthu'r ffarm i'w prynu nhw; gweld rhyw ddyn bach mewn stondin yn ceisio gwerthu sosban i'r wraig − sosban go arbennig os ca i weud − sosban sy'n ffrio, berwi a grilo'ch bwyd chi ar yr un pryd; sosban y gallech chi anghofio amdani a'i gadel, a mynd ar wylie, am wn i, ac ar ôl dod adre bydde'r sosban ddim gwa'th, hyd yn oed pe bydde'r tŷ wedi llosgi i'r llawr. Fe fydde'r sosban oleia'n dal 'da chi heb fod damed gwa'th!

Profiad arall yn y sioe yw trio ca'l rhywle i roi 'mhen-ôl i lawr. Ie, ffindo rhywle i ga'l hoe fach, yn enwedig ar ddiwrnod gwlyb, pan fydd pawb yn y sioe wedi ca'l yr un syniad. Ma 'na ddigon o le i eistedd os y'ch chi'n berson weddol bwysig yn y sioe wrth gwrs. Ond os mai brawd Joe Bloggs y'ch chi, ar 'ych tra'd ma nhw am i chi fod er mwyn i chi hela'ch diwrnod yn gwario. Fe allwch chi ga'l te a *sit down* yn un o'r bancie neu yn un o'r undebe amaethyddol, ond y broblem yw y bydd pawb yn ca'l yr un syniad â fi, ar yr un pryd â fi. Wrth gwrs os y'ch chi ise lle cysurus i iste fe allwch chi neud be 'wy'n neud, a mynd o amgylch y cwmnïe cerbyde a dangos peth diddordeb, a cha'l iste mewn gwahanol geir. Ond y broblem sy'n codi wedyn yw'r sêlsmen. Fyddan nhw ddim yn hir cyn dod i'ch poeni chi, a'r peth i neud wedyn yw symud mla'n at y cwmni nesa.

Wel, beth am fynd i'r Grandstand, ma

digon o sedde fan'na, 'wy'n 'ych clywed chi'n dweud, ac 'wy'n cytuno 'da chi. Problem y Grandstand yw ei bod hi'n debyg i'r Babell Lên yn y Genedlaethol. Pan ma rhywbeth o werth mla'n, gallwch chi fentro taw sefyll mewn ciw byddwch chi am sbel.

Un lle 'wy'n addo i'n hunan i beido â mynd iddo bob blwyddyn yw'r lle sy'n gwerthu bwydydd clou. Ond, wrth gwrs, yno fydda i bob blwyddyn, mewn ciw, yn prynu'r *chips* mwya erchyll. Ac ar ôl byta ychydig, 'wy'n meddwl yr un peth ag a wnes i'r flwyddyn gynt – sut ar wyneb y ddaear ma rhywun yn medru cwco *chips* mor ofnadw o ofnadw? 'Wy'n hollol siŵr o un peth, pe bai carchardai'r wlad yn rhoi *chips* y Royal Welsh i'w carcharorion, bydde torcyfraith yn diflannu'n llwyr. Fydde neb ise mynd 'nôl am ragor!

Un peth sy'n rhyfedd, yn wir yn od, am y sioe, yw 'ych bod chi'n dueddol o weld yr un bobol sawl gwaith y dydd. Os gwela i Jac Tŷ Canol a'i wraig am ddeg o'r gloch y bore, fe allwch chi fetio y gwela i nhw rhyw hanner dwsin o weithe yn ystod y dydd. Er mod i'n gwbod bod Twm drws nesa wedi dweud ei fod e'n mynd i'r sioe yr un dydd â fi, na, wela i ddim pip ohono fe drwy'r dydd, er bo fi'n cadw llygad mas amdano fe. Rhyfedd, ie, od!

Sêr y sioe yn bendant yw'r creaduriaid, ond cofiwch chi, dim ond y *catwalk models* sy i'w gweld yno. Ie, dim ond y rhai gore. Sdim byd o'i le ar hynny, ond dy'n nhw ddim cweit yr un peth â'r anifeiliaid sy 'da fi gatre! Wel, sdim llawer o ffermwyr yn rhoi siampŵ i'r buwchod cyn eu godro a hoffwn 'ych sicrhau chi nawr nad 'wy erioed wedi rhoi *blow dry* i unrhyw ddafad. Ond erbyn meddwl, dyw gweld buwch sy wedi ca'l dos go lew o siampŵ ddim tamed mwy rhyfedd na gweld ffarmwr sy'n beirniadu yn cerdded o amgylch y Cylch â bowler hat am ei ben. Ie, ffarmwr yn gwisgo bowler hat!

Un o'r profiade gore i fi'n bersonol ar y ffordd adre o'r sioe yw galw yn Rhaeadr i ga'l *fish and chips* iawn − *chips* wedi'u gwneud o datw a heb flasu fel plastig. Ond beth fydd yn od bob tro? Ie, dyna lle y bydda i'n cwrdd â'r rhan fwya o bobol 'wy'n nabod, a hwythe wedi bod yn y sioe hefyd. Llynedd, 'na ble gwrddes i â Twm drws nesa. Wedodd e 'i fod e wedi bod yn y sioe... ond weles i mohono fe 'na o gwbwl.

Ar ôl treulio diwrnod cyfan yn y sioe, rhaid wrth gwrs wedyn trio cyrradd adre mewn pryd i weld rhaglen S4C o'r sioe, i ga'l gwbod yn union beth ddigwyddodd yno. Ie, profiad a hanner yw mynd i'r sioe, a chredwch chi neu beidio, 'wy'n edrych mla'n at fynd eto y flwyddyn nesa!

§

Roedd Dai wedi ca'l gwahoddiad arbennig iawn gan y Sioe Frenhinol yn gofyn iddo fynd â'i geffyle a'i goets i gario'r Tywysog Siarl a'i wraig o amgylch y sioe. Wel, roedd Dai wrth ei fodd gyda'r gwahoddiad anrhydeddus ac ar y dydd dyma nhw'n mynd o gwmpas y sioe, a'r Tywysog a'i wraig yn eistedd yn gyfforddus yn y goets.

Wrth basio'r neuadd fwyd, dyma un o'r ceffyle'n torri gwynt yn uchel ofnadw. Fe drodd Dai at y Tywysog a dweud, 'Ma'n ddrwg iawn gen i am hynna, Mr Charles!'

'O, popeth yn iawn!' medde'r Tywysog. 'O'n i'n meddwl mai un o'r ceffyle darodd hi!'

Tractor

Rown i tua wyth mlwydd oed ac yn
methu gweld y dydd yn mynd yn
ddigon clou, er mwyn i fi gael mynd adre
o'r ysgol − dim bod hynny'n wahanol
i unrhyw ddiwrnod arall a dreulies i yn
yr ysgol, cofiwch. Ond ar y diwrnod
arbennig 'ma, ar ôl cyrradd adre a cha'l
te, roedd Nhad wedi addo mynd â fi i'r
ffarm drws nesa i weld y tractor newydd
oedd wedi cyrraedd yno. Chi'n gweld,
yn y cyfnod hynny, diwedd y pumdegau
a dechrau'r chwedegau pan fydde tractor
newydd yn dod i unrhyw ffarm roedd e,
fel ma'r Sais yn dweud, yn *event* − hynny
yw, os o'ch chi'n mynd i brynu tractor
newydd, roeddech chi'n siŵr o ga'l *visitors*.
Wrth gwrs, ar ffermydd ochor y mynydd
doedd prynu tractor newydd ddim yn
digwydd yn amal yr adeg honno a phan

fydde ffarmwr yn prynu tractor newydd rodd 'na siawns go lew mai yno y bydde fe am o leia ddeg neu ugen mlynedd arall, neu hyd yn oed fwy. Erbyn heddiw, wrth gwrs, does neb yn cymeryd rhyw lawer o sylw o dractor newydd, heblaw falle am gymydog sy'n cadw llygad er mwyn cystadlu efo'r Jonsys. Ac wrth gwrs, does dim rhaid bod yr arian gyda chi i brynu tractor newydd heddi. Mae 'na sawl ateb – benthyg, neu hyd yn oed ar y *never never*. Ond yn y cyfnod 'wy'n sôn amdano, os nag oedd 'da chi bob ceiniog yn y banc

yn barod, *never never* y gwelech chi dractor newydd!

Reit, dewch 'nôl 'da fi i ffarm Llwyngaru a finne'n wyth oed. Dyma ddrws yr hen sied sinc yn cael ei agor a fan'na roedd e, yn ei holl ogoniant. Ie, tractor coch, Massey Ferguson 35. Nawr, dim Tecwyn o dractor oedd hwn ond tractor go iawn, ac o'i gymharu â'r hen Ffergi bach oedd 'da ni adre, wel roedd e wedi dod o blaned arall, er mai o'r un teulu ro'n nhw'n dod. Ie, plant yr hen Harry Ferguson oedden nhw, ond roedd hwn yn sbesial, yn enwedig i grwt bach wyth oed. I ddechre, roedd e'n goch a hwnnw'n goch go iawn − mae coch yn siwto tractor. Ers y noson honno mae tractor coch yn neud rhywbeth i fi, er mai un glas sy 'da fi nawr. Wrth gwrs mae 'na dractors o bob lliw i ga'l. Flynydde yn ôl rown i'n meddwl ei fod e'n od iawn fod 'na dractors gwyn i gael o'r enw David Brown a'r rheiny heb smotyn o frown arnyn nhw! Falle nad o'dd David Brown yn hoff o liw brown, neu falle bod y pŵr dab yn *colour blind*. Ta waeth, gadewch i ni fynd 'nôl at y tractor coch yn y sied sinc. Un peth arall 'wy'n ei gofio yw bod 'na glocie diddiwedd ar y dashbord, a phiben egsost yn stico lan. Pan gafodd y peiriant ei danio, bois bach 'na chi sŵn. Pavarotti o dractor! Roedd gen i feic tair olwyn yr adeg honno a, thrwy lwc, un coch oedd e. Am wythnose wedyn, fe gafodd y beic ei drawsnewid ac, yn fy nychymyg bach i, nid beic oedd e mwyach ond Massey Ferguson 35 – er ei fod e un olwyn yn brin! Ond gogoniant fy nychymyg oedd ei fod e'n dractor newydd bob dydd a doedd e ddim wedi costio'r un geiniog i fi.

Nawr te, mae'n bryd gadel y beic a dod 'nôl i'r byd real. Wrth wneud hynny 'wy'n gobeithio y gwnewch chi gytuno â fi fod cyfraniad y tractor i fyd amaeth a chynhyrchu bwyd dros y byd yn anhygoel, o ddydd y Ffergi bach i'r angenfilod sy i'w gweld heddiw ar gaeau ein gwlad. Bob tro yr a' i i sioe bentre a gweld rhes o dractors wedi'u hailgyweirio a'u hailbeintio gyda gofal a chariad arbennig, bydda i bob amser yn meddwl bod 'da ni le i fod yn ddiolchgar am gyfraniad y peiriant rhyfeddol hwn – y tractor. A chofiwch, beth bynnag sy ar 'ych plât chi amser cinio neu swper, ma 'na dractor yn y stori yn rhywle.

Bob tro y gwela i hen Fassey Ferguson 35 wedi'i drwsio, fe fydda i'n mynd yn ôl i'r dyddie hynny pan own i'n grwt bach wyth oed ac yn mynd i'r sied sinc, ac yn ail-fyw'r freuddwyd honno. A phe bawn i'n cael gafael yn y beic tair olwyn 'na unwaith 'to… na, ma'n well i fi ei gadel hi fan'na am y tro.

§

Roedd Wil wedi cael ei aresto gyda'r heddlu am ddwyn tractor ond roedd Wil wedi cyflogi twrne da iawn i'w amddiffyn yn y llys.

Ar ddiwedd yr achos yn y llys dyma'r ddedfryd yn cael ei rhoi, ac medde'r barnwr, 'Wil! Wil, mae'r llys yn eich cael chi'n ddieuog o ddwyn y tractor.'

'O, diolch yn fawr iawn i chi,' medd Wil. 'Nawr te, ydy hynny'n golygu y galla i gadw'r tractor am byth?'

Y Ceffyl

Bellach, rydyn ni fel Cymry yn enwog am fridio rhai o'r cobie gore yn y byd ond fe fydde hi'n ddiddorol gwbod sut a phryd y dechreuodd y berthynas rhwng dyn a cheffyl. Tybed a oedd 'na ddiwrnod arbennig pan welodd dyn geffyl am y tro cynta a dweud wrth ei hunan, 'Mm, fe all y creadur hwn fod yn handi iawn i fi'. Mae ceffyl wedi gwneud tipyn o bopeth i ddyn ar hyd yr oesoedd. Ydy, mae e wedi'i gario fe, 'i gico fe, wedi trin y tir iddo fe, yn ogystal â hau a medi gan ei helpu i roi bara ar y bwrdd. Bu'n rhaid i'r hen geffyl druan hefyd ymladd rhyfeloedd gwaedlyd oedd wedi'u creu gan ddyn. Ond y peth pwysica mae ceffyl wedi'i roi i ddyn yw pleser diddiwedd. Ers i'r peiriant gymeryd baich y gwaith caled, mae cyfraniad mwya'r ceffyl erbyn heddiw ym myd hamdden, chwaraeon a phleser.

A'r rheiny ohonoch chi sy'n hoff o wylio Westerns ar y teledu neu'r sgrin fawr, dw i ddim yn credu y bydde fe'n lot o sbort i weld yr hen John Wayne yn rhedeg nerth 'i dra'd dros y paith ar ôl yr hen Indian druan heb geffyl. A phan welech chi ddryse bach y salŵn yn agor…

a'r cowboi yn tanio'i wn cyn dianc… oni bai bod y ceffyl wrth y postyn yn aros amdano i neidio ar ei gefen a dianc gan adel ond llwybr o lwch ar ei ôl, fe fydde'r olygfa yn hollol ddi-fflach. Wel, rhowch hi fel hyn, fe fydde'r cowboi yn edrych yn hollol ddwl yn trio dianc drwy bedlo am ei fywyd ar gefen beic. Herciwles! Ie, sy'n fy atgoffa i mai Herciwles oedd enw'r hen geffyl ar *Steptoe and Son*.

Nawr, dyw ceffyl yn neud dim i fi, cofiwch. Dw i ddim yn casáu ceffyle, na, i'r gwrthwyneb, fe fydda i'n teimlo'n eiddigeddus o'r bobol hynny sy'n gallu iste am ddiwrnode cyfan yn Grandstand y Sioe Fawr wedi'u hudo gan geffyle. Fe fyddwn i wedi mynd yn hollol boncyrs ar ôl rhyw awr. Ond fe wnes i dreulio amsere hapus yn blentyn yng nghwmni ceffyl, neu gaseg i fod yn hollol gywir. Roedd gan fy rhieni hen gaseg waith ar y fferm. Bess oedd ei henw hi, ac fe ges i lot o sbort gyda Bess. Nawr ar ôl i fy nhad ga'l y Ffergi bach, yr unig waith ffarm roedd Bess yn 'i neud o'dd adeg y cynhaeaf gwair yn y rhaca olwynion. Felly, 'na i gyd fydde hi'n 'i neud o'dd rhibinio'r gwair a chrafu'r caeau'n lân. Fe allech chi weud mai dim ond *summer job* o'dd gan Bess, ac am weddill y flwyddyn roedd hi'n byw ar gefen y ffarm. 'Wy ddim yn gwbod beth oedd oed Bess, ond roedd hi'n hen ofnadw achos roedd hi'n perthyn i'r cyfnod pan fydde ceffyle gwaith yn cael 'u tocio, felly dim ond rhyw droedfedd o gynffon oedd ganddi. Pe bai'r Albanwyr yn gwisgo'u *sporran* ar y tu ôl, dros eu penole, fe fydden nhw'n edrych yn ddigon tebyg i'r hen Bess, achos rhyw sboren o gynffon oedd 'da hi.

Peth arall 'wy'n ei gofio am Bess oedd ei bod hi'n dew ofnadw, i weud y gwir roedd hi'n obîs, ac mae'n rhyfedd na fyddwn i wedi tyfu i fyny efo coese bandi. Chi'n gweld, er mwyn marchogaeth Bess rown i bron yn gorfod gwneud y splits i fynd ar ei chefen hi. Ond fe ges i lot o hwyl ac, wrth gwrs, 'wy'n gallu dweud mod i *wedi* gweithio ceffyl ar y ffarm achos fe ges i'r cyfle a'r profiad o grafu'r caeau gwair yn lân efo Bess. Wrth neud y gwaith hynny y daeth fy mherthynas â Bess i ben. Un dydd, wrth grafu cae â thipyn bach o lechwedd ynddo, fe dorrodd yr harnes! Fe dasgodd Bess, a bant â hi'n rhydd am adre gan adael finne'n iste ar ben y rhaca yn mynd sha 'nôl i lawr y llechwedd ar sbîd, a gorffen yn iste ym mola'r clawdd. A fan'na y gorffennodd fy mherthynas i â cheffyle. Fe fydde Nhad yn dweud bob amser wrtha i am geffyle: 'Cofia fod buwch yn gadel digon o borfa i'r ddafad ga'l pori ar ei hôl hi ond dyw'r ceffyl ddim yn gadel blewyn o borfa i'r un creadur'.

Yr unig le y bydda i'n teimlo'n anghysurus efo ceffyle erbyn hyn yw pan fydda i'n cwrdd â cheffyl ar y rhewl fawr, hynny yw rhewlydd cul cefen gwlad. Pan gwrdda i â cheffyl nawr, y peth cynta fydda i'n meddwl amdano yw, pwy fydd yn talu am *wing* newydd i'r car os bydd y ceffyl yn dechre stranco! Ac yn amal iawn fe gwrddwch chi â phlant ifanc iawn yn marchogaeth, heb neb hŷn yn eu gwarchod nhw a hyd yn oed person ifanc iawn yng ngofal y ceffyle. Dyna pam 'wy'n credu y dyle pob ceffyl orfod pasio rhyw fath o brawf cyn mynd allan ar hewlydd prysur a hefyd fe ddyle pob ceffyl gael rhyw fath o insiwrans er mwyn diogelwch pawb, gan gynnwys nhw eu hunain. Syniad da? Na, chi ddim yn meddwl hynny? Wel, fe alla i weld cwmnïau insiwrans yn dweud 'Gee up' i'r syniad. Ma'n well i fi symud mla'n nawr yn glou, achos ma 'da fi syniad 'mod i wedi ypseto sawl un yn barod.

§

Roedd ceffyl Moc yn sâl iawn yn y stabal. Yno y gorweddai yn y gwellt, yn chwys i gyd ac mewn poene ofnadw. Felly, dyma Moc yn ffono'i gymydog i ofyn am gyngor.

'O,' medde Jac, 'buodd ceffyl yn sâl fel 'na 'da fi y llynedd. Rho beint o tyrpentein iddo fe.'

Ymhen rhyw wythnos neu ddwy, dyma

Moc yn gweld Jac yn y farchnad a dyma'r ddau'n sgwrsio.

Medde Moc, 'Wyt ti'n cofio ti'n dweud wrtha i am roi peint o tyrpentein i'r ceffyl sâl oedd gen i? Wel, fe farwodd e ymhen dwy awr ar ôl yfed y tyrps.'

Ac medde Jac, ''Na beth od... fe farwodd 'y ngheffyl inne 'fyd!'

Rhewlydd Cefen Gwlad

Fel rhywun sy wedi treulio'i fywyd yn gyrru ar hyd rhewlydd bach cefen gwlad, mae'n hela fi i ofyn yn amal pam bod cyment o droeon yn y rhewlydd hyn? Beth yw'r rheswm na alle llawer o'r hewlydd 'ma fod yn llawer sythach? 'Wy wedi dod i'r casgliad fod pwy bynnag oedd yn adeiladu'r hewlydd 'ma yn dod i'r gwaith bob dydd yn feddw rhacs, ac mae e'n hela chi i gredu nad oedden nhw'n sobri rhyw lawer yn ystod y dydd 'chwaith. Achos, ambell waith, fydda i'n mynd rownd ambell dro a hwnnw'n gyment o dro fel 'ych bod chi'n ôl bron yn yr un man ag o'ch chi cyn i chi fynd rownd y tro. A chi'n gorfod gofyn pam neu beth oedd y rheswm y crëwyd y fath beth, ond 'na fe, ma'n siŵr fod 'na ateb yn rhywle.

Wel, os yw'r holl droeade'n achosi

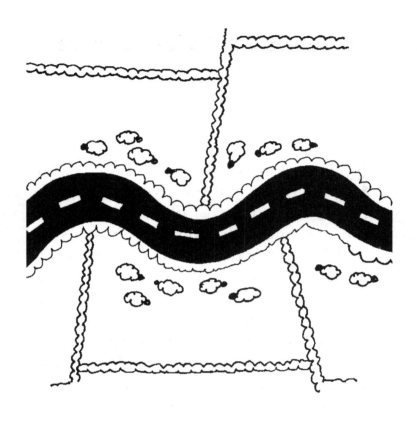

penbleth i fi, ma 'na rywbeth arall sy bron â hela fi hollol rownd y tro. (Na, dyw e ddim yn swnio hanner cystel yn Gymraeg ag y mae *round the bend* yn neud yn Saesneg!). Beth bynnag, gwrthrych y benbleth yw, pan fydd y Cyngor yn penderfynu mynd ati i ledaenu rhai o droeon cefn gwlad, i ddechre fe fyddan nhw ise rhyw hanner cae oddi wrth y ffarmwr ac wedyn fe fyddan nhw'n mynd ati i neud y gwaith. Ta beth, ar ôl gorfod ciwio y tu ôl i res o geir a mynd drwy olau oren a gwyrdd, o ie, a choch, am ryw chwe mis neu flwyddyn, wedyn, o'r diwedd, daw'r gwaith i ben! Ond y peth sy'n eich taro gynta yw'r ffaith eich bod chi'n dal i orfod mynd rownd y tro, a'r peth sy'n fwy anhygoel byth i fi yw nad yw'r hewl fawr ddim lletach nag oedd hi cyn dechrau'r gwaith. A meddyliwch, bydd hanner cae o ddaear yn wastraff llwyr a hwnnw'n tyfu'n wyllt gan greu mwy o waith i'r Cyngor, gan eu bod nhw'n gorfod ei dorri yn ystod misoedd yr haf. 'Wy'n cydnabod fod y tro wedi gwella o ran eich bod yn gallu gweld be sy'n dod i gwrdd â chi ond yr holl wastraff tir sy'n mynd dan 'y nghroen i – mae e'n fwy o ledu cloddie na lledu rhewlydd, mewn gwirionedd!

Ond – ac mae 'na wastad 'ond' – mae cymaint o bethau y gallwch chi eu gwneud ar hewlydd cefen gwlad na allwch chi fyth eu gwneud ar yr hen draffyrdd amhersonol. Chi'n gweld, ar hewl fach cefen gwlad, ry'ch chi'n amal yn nabod rhywun, yn codi llaw, yn aros am sgwrs, neu'n aros i holi'r ffordd i rywun pan fydd y Sat Nav wedi hela chi lan y wal, neu hyd yn oed yr ochor draw i'r wal. Efallai, pwy a ŵyr, wrth aros i holi'r ffordd i rywun, gallwch chi ffeindio mas ei fod e neu hi'n perthyn i chi. Chi'n gwybod sut ry'n ni'r Cymry am olrhain ache a pherthnase!

Mynd i rywle heb gwrdd â neb fyddwch chi'n neud ar y draffordd wrth gwrs, ac os cwrddwch chi â rhywun, wel, bydd un ohonoch chi mewn tipyn o gaca!

Ie, rhowch i fi rhewlydd bach cefen gwlad. Mae 'na ryw hud a lledrith yn perthyn iddyn nhw, rhyw agosatrwydd. I ddechre, ma 'na ddau glawdd sy'n agos iawn atoch chi. Ydyn, ma nhw tipyn yn fwy diddorol na'r draffordd achos ar ddiwedd y dydd dy'ch chi byth yn gwbod beth sy'n eich wynebu chi rownd y tro nesa... Dim rhy glou nawr!!

§

Hen ffarmwr yn teithio ar ei dractor ac yn cwrdd â char weddol posh. Wrth geisio ei basio dyma gyrrwr y car yn gofyn iddo,

'Esgusodwch fi, ond allwch chi ddweud wrtha i beth yw'r fford ore i fynd o fan hyn i Aberaeron? Rwy ar goll yn llwyr.'

'Na, sai'n gwbod y ffordd o fan hyn i Aberaeron,' oedd ateb y ffarmwr.

'Wel, wel!' medde'r gyrrwr. 'Dy'ch chi ddim yn gwbod llawer.'

'Na, chi'n iawn,' atebodd ynte, 'ond 'wy'n gwbod mwy na chi, achos dwi ddim ar goll!'

Yr Amgylchedd

Er 'mod i mas yn 'i ganol e bob dydd, 'wy wedi ca'l llond bola arno fe, wel, dim arno *fe*, ond ar yr holl siarad sy amdano fe. I fod yn fwy manwl 'wy wedi ca'l llond dau fola ar yr holl arbenigwyr sy'n browlan bob dydd amdano ac 'wy'n siŵr 'i fod e'n broffesiwn llawn amser bellach i rai a'i fod e'n talu'n reit dda – ie, siarad amdano fe 'wy'n ei feddwl. Nawr, fel dyn bach cyffredin, 'wy'n teimlo na alla i ennill yn y busnes cynhesu byd-eang 'ma. Os bydd hi'n bwrw mwy o law nag arfer, cynhesu byd-eang sy'n gyfrifol. Ar y llaw arall, os bydd hi'n dwymach nag arfer am rai wythnose, a'r dŵr yn dechre prinhau, wel yr un ateb gewch chi – cynhesu byd-eang.

Rai blynydde 'nôl 'wy'n cofio gweld eitem ar raglen newyddion am yr afon 'ma

oedd wedi sychu, a phorfa ffres yn tyfu ar
wely'r afon. Ar ôl yr holl drafod, i'r un
casgliad y daethpwyd, ie *global warming,*
y cynhesu byd-eang 'ma. Credwch neu
beidio, ymhen rhyw flwyddyn neu ddwy

wedyn, roedd yr un afon yn gorlifo ei glannau, a'r ateb?... Deg mas o ddeg, chi'n iawn! Cynhesu byd-eang, cyfleus iawn. Os y'ch chi'n cofio, roedden nhw'n arfer sôn bron bob dydd, rai blynydde 'nôl, am y twll yn yr *ozone*. Wel, sneb yn sôn amdano fe mwyach ac ma hynny'n gwneud i fi holi tybed a fuodd 'na erioed dwll? Ydy'r twll yn dal i fod 'na neu, fel ambell dwll y cownsil, ydy e wedi ca'l ei lanw lan neu wedi ca'l 'i anghofio? Yn bersonol, 'wy mewn tipyn o dwll am y peth, a dyna'r broblem fawr 'wy'n 'i ga'l gyda gwyddonwyr modern. Nawr, peidwch â 'nghamddeall i, ma gwyddonwyr yn ystod y ganrif a hanner ddiwetha wedi newid ein bywydau ni, a hynny er gwell. Eto i gyd, ma gwrando a dilyn popeth ma nhw'n 'i ddweud yn fusnes peryg achos ma nhw'n newid 'u meddylie mor amal â'r lleuad, a'ch gadel chi mewn tipyn o dwll. A dyma ni 'nôl yn y twll eto! Dy'n nhw byth yn gorfod ymddiheuro am eu mistêcs achos ma gyda nhw'r ateb perffaith, sef bod ymchwil yn dangos ma fel ar fel, neu hyn a hyn, ma nhw'n credu nawr. Na, yn wahanol i'r hen lygoden 'na, does dim trap i ddal gwyddonydd.

Ond y jocars mwya yn y busnes *global warming* 'ma yw'r gwleidyddion. I ddechre, ma nhw ise i chi gredu eu bod nhw'n 'wyrdd', hyd yn oed y rhai sy'n goch a glas a melyn, a sawl lliw arall. Amser lecsiwn ma nhw wrth eu bodd yn neud i ni gyd deimlo'n euog am hyd yn oed iste mewn car, neu fan neu unrhyw beth arall sy â whilen, ac ma meddwl am ei yrru fe i lawr y lôn yn rhoi ni i gyd mewn anferth o dwll ariannol – a dyma ni 'nôl i'r twll unwaith eto. Be ma nhw'n 'i weud? Ie, rhoi grant i waredu'r hen gar a phrynu un newydd, a'i lenwi e gyda'r tanwydd druta yn y byd. Beth 'newch chi gyda car newydd a llond tanc o betrol? Ie, wrth gwrs – bant â'r cart!

O ie, ma 'na un lot arall sy'n waeth na'r gwleidyddion i gyd, a'r cantorion pop yw'r rheiny. Y nhw sy â mwy o arian nag o sens ac sy'n treulio'u hamser yn iste ar 'u tine mewn awyrenne ac yn sgrechen 'u caneuon ar draws y byd. Ma nhw'n byw mewn tai anferth ac am waredu pob buwch, dafad a mochyn o'r blaned 'ma ac am i chi a fi fyw ar fyta dail letus a byw'n ddiwastraff. Credwch ne beidio, 'wy'n teimlo lot yn well ar ôl sgrifennu'r darn 'ma!

Wrth gwrs, 'wy'n credu bod yna bŵer llawer mwy nag unrhyw wyddonydd, gwleidydd na chanwr pop yng ngofal y cyfan oll, ond dadl arall yw honno. Fel ma hi'n digwydd, ar hyn o bryd, 'wy'n edrych mas drwy'r ffenest ac ma hi'n bwrw glaw ac ma'r wraig newydd ddweud ei bod hi wedi oeri ac yn amser i roi'r gwres, y *central heating*, ymlaen. Ie, *global warming* – hwnna yw e!

§

Rwy'n meddwl mai'r tro dwetha i'r tywydd ga'l ei broffwydo'n iawn oedd pan orchmynnodd Duw i Noa adeiladu arch.

Ac oni bai am y tywydd, sut fydden ni yn y wlad hon yn dechre pob sgwrs?

Cŵn

'Wy'n eitha siŵr y gwelwch chi bron pob math o gi ar ffermydd Cymru heddiw, ond ma 'na rai sy'n fwy pwysig na'i gilydd i fywyd y ffarmwr a chefen gwlad. I ddechre, y ci cadno, ffrind Tony Blair – sdim ise ymhelaethu am ei werth e i unrhyw ffarmwr defed. A'r terier bach wedyn i orffen y gwaith, ac i ga'l gwared ar y llygod mawr sy'n amal yn bla ar hyd ffermydd.

Fe alla i feddwl am sawl math o gi sy'n edrych mas o'i le ar glos ffarm ac un ohonyn nhw yw'r pwdl. Beth yw gwerth pwdl ar ffarm, dwedwch? Sori os y'ch chi'n cadw pwdls! Ond man a man i fi gyfadde, ma gyda ni yn ein tŷ ni... King Charles Cavalier. 'Wy ddim yn hollol siŵr beth yw ei werth e fan hyn chwaith, wrth iddo fe chwyrnu o mla'n i nawr ar y carped. Ond ma un peth 'wy'n hollol siŵr, 'wy ar dir peryg nawr achos yn ôl y wraig, dyna'r ci pwysica sy 'da ni. Un peth galla i ddweud amdano yw ei fod e'n ateb disgwyliadau 'i enw. Ydy, mae Benji'n gwybod sut mae byw fel brenin.

Ond brenin y buarth o fyd y cŵn, heb os, yw'r ci defed ac mae ei gyfraniad i fywyd a gwaith y bugail a'r ffarmwr ers canrifoedd yn amrhisiadwy. Sdim ise ond edrych ar diroedd Cymru, ar yr holl fynyddoedd a'r creigiau, i sylweddoli y bydde hi wedi bod yn hollol amhosib casglu'r praidd heb y ci defed ffyddlon. Maent o lawer lliw a llun, a thros y byd mae llawer iawn o fridie gwahanol o gŵn defed. Y ci traddodiadol Cymreig oedd y ci glas neu goch, a da yw gweld fod y ci Cymreig wedi cael ail fywyd ar ôl i rai bugeiliaid sylweddoli y galle'r ci Cymreig traddodiadol fynd ar ddifancoll. Mae e'n gi sy'n gwneud ei waith heb lawer o ffws ac yn barod i gyfarth – ie, ci defnyddiol iawn i godi cer'ed ar y ddafad Gymreig neu unrhyw frîd arall! Ond, y ci

enwoca dros y byd mwyach fel ci defed yw'r Border Collie – ci du a gwyn, gyda thipyn o gochni ambell waith. Gwelwyd tua pump ar hugain o wledydd yn cystadlu ym Mhencampwriaeth Treialon Cŵn Defaid y Byd yn Llandeilo yn ôl yn 2008, a wir i chi, gŵyl y *collie* oedd hi.

Yn ôl y gwybodusion, y ci defed yw'r ci mwya deallus ac mae e wedi profi hynny mewn llawer maes, megis darganfod pobol sydd ar goll, darganfod cyffurie, achub pobol ar ôl daeargrynfeydd a hyd yn oed dawnsio ar *Britain's Got Talent*. Ond mae'n rhaid cofio bod 'na rai pobol yn gweld y ci defed ar ei waetha ar y clos, heb anghofio'r hen bostman, druan. 'Wy'n siŵr nad oes dim byd yn wa'th pan y'ch chi'n gyrru yn eich fan fach goch at ryw fferm a gweld tri neu bedwar o gŵn defed yn dod fel storom o darane i gwrdd â chi a dim byd ar eu meddylie nhw ond ca'l llond bola o rwber oddi ar deiars eich fan chi. Yna, wedi stopio, gorfod dod mas i wynebu cymanfa o ddannedd a chyfarthiade ac, i roi'r cap ar y cyfan, rhyw ffarmwr yn dod i ben y drws neu'n pwyso ar y gât ac yn dweud un o'r llinellau enwog hynny, 'Peidwch cymryd sylw ohonyn nhw, dy'n nhw ddim wedi cnoi neb hyd yn hyn!'. Felly, sdim amdani ond mentro allan a gobeithio nad oes chwant coes postman arnyn nhw fel ail gwrs i rwber yr olwyn. Dw i ddim yn siŵr pam ond ma 'na rywbeth ynglŷn â fan goch y post sy'n cynhyrfu llawer o gŵn defed – ife'r lliw yw e? 'Wy'n cofio un ci defed gyda ni flynyddoedd yn ôl, doedd e byth yn cymryd sylw o unrhyw gerbyd fydde'n dod i'r clos heblaw am fan y postman. Bois bach! Roedd 'na gwrsio pan wele fe honno'n dod ac fe ddes i'r casgliad ma'r enw Royal Mail oedd ar fai, a'i fod e'n credu bod hanner dwsin o gorgwn yr hen Elizabeth y tu fewn i'r fan. Pwy a ŵyr!

Erbyn heddi ma 'na elyn arall i'r ci defed wedi cyrra'dd clos y ffarm a hwnnw wedi dod o'r dwyrain pell, o Siapan. Ie, yr hen feic pedair olwyn, ac mae 'na amal i gi defed yn gorfod eistedd yn ei gwb tra bod yr hen Mr Kawasaki yn casglu'r praidd. Ond, i'r rhan fwyaf o gŵn, cyd-weithiwr yw'r beic a thacsi reit handi wrth fynd am y mynydd neu'r caeau. Yn bersonol, dw i ddim yn credu y gwelwn ni'r dydd pan fydd unrhyw gerbyd yn gallu cymryd lle na gwneud gwaith y ci. Fel y dywedodd Tom Richards amdano yn ei englyn: 'y rhwydd gamwr, hawdd ei gymell'.

Oes yna dreialon cŵn defed yn eich ardal chi, tybed? Ydych chi wedi mynychu un ar eich taith erioed? Mae'n rhyfedd gen i cyn lleied o gynulleidfa sy'n mynychu treialon, ond ma gyment o bobol yn eu gwylio ar y teledu. Rhyfedd yn wir! Y tro nesa y gwelwch chi arwydd yn dweud 'Treialon Cŵn Defaid', beth am alw i mewn am rhyw awr neu ddwy ac 'wy'n siŵr o un peth, y cewch chi'ch rhyfeddu a'ch hudo gan ddoniau a greddf naturiol y ci defed.

Nawr does dim yn well, neu'n wa'th, i dynnu ar linynnau'r galon na stori drist am anifail, fel mae stori Lassie wedi'i gwneud ar ffilm ers cenedlaethau. Ond stori wir sy gen i i chi a chyn dechre, cofiwch ga'l eich hances yn barod. Ydych chi'n barod? Bant â ni! Nawr yn ei ddyddiau cynnar, roedd fy nhad-cu yn porthmona ac mewn marchnad yn Nhregaron tua naw deg mlynedd yn ôl, fe ffansïodd porthmon o ardal Bryste gi defed fy nhad-cu a chynnig pris arbennig o dda iddo amdano. Nawr, er nad oedd fy nhad-cu ise gwerthu'r ci, roedd y cynnig yn rhy dda i'w wrthod ac felly fe a'th yr hen gi adre ar y trên o Dregaron efo'i feistr newydd i rywle ger Bryste. Beth bynnag, rhyw fore, dair wythnos yn ddiweddarach, pan agorodd Tad-cu'r drws i fynd allan i weithio, pwy oedd yn gorwedd ar stepen y drws ffrynt? Ie, Wag y ci defed, wedi dod 'nôl adre bob cam o Loeger.

Anfonodd Tad-cu lythyr yn syth at y porthmon, wrth gwrs roedd hyn cyn adeg cael ffôn. Yn ei lythyr dwedodd Tad-cu fod Wag wedi cyrraedd adre ac mai'r peth gore fyddai iddo anfon yr arian yn ôl ato os oedd e'n cytuno â hynny. Gwell fyddai i Wag aros yng Nghymru. Fe ddaeth ateb yn ôl yn weddol glou i lythyr Tad-cu oddi wrth ei ffrind yn datgan nad oedd am yr arian ac y byddai yn ardal Tregaron ymhen tridiau i mofyn Wag yn ôl. Wedi cyrra'dd y ffarm, dyma'r porthmon yn sicrhau y byddai'n gwneud yn siŵr y byddai Wag yn cael pob whare teg i ymgartrefu am yr ail waith. Felly, gyda chalon drom, gadawodd Tad-cu i Wag fynd yn ôl i Fryste. Wedi'r cyfan, bargen oedd bargen! Roedd y gŵr o Fryste wedi talu am y ci a fe oedd ei berchennog bellach. Fe aeth wythnose heibio a phawb ar y ffarm yn eitha hapus i dderbyn erbyn hynny fod Wag wedi ymgartrefu a setlo yn ei gartre newydd.

'Wy'n credu ei bod hi'n well i chi ga'l eich hances arall yn barod nawr. Wel, ymhen rhyw chwe wythnos, yn hwyr un prynhawn, a'r haul yn machlud dros fae Ceredigion, gwelwyd rhyw gi yn cer'ed yn araf iawn i fyny'r lôn at y ffarm, a dyma sylweddoli bod Wag wedi dod yn ôl i'w gynefin am yr ail dro. Y tro hwn roedd golwg druenus iawn arno ac roedd mewn gwendid difrifol. Aed ag e i orwedd ar wely o wellt a rhoddwyd bwyd a dŵr iddo – fe wedes i ei bod hi'n stori drist. Ymhen deuddydd bu farw Wag druan. Hysbyswyd ei feistr newydd ger Bryste a chladdwyd Wag ar y ffarm yn Nhregaron. Yn ôl fy mam, bu'n edifar gan Tad-cu am flynyddoedd am iddo adael i Wag fynd yn ôl i Fryste am yr ail waith. Dyna i chi stori wir am ryfeddod a gallu'r ci defed. Ond un cwestiwn a godai ar ôl iddo farw – ble'n union y byddai'r hen Wag wedi croesi afon Hafren?

N.B. Gobeithio y gwna un o fawrion Disney ddarllen y stori hon. Siawns am ffilm falle...!

§

Hen ffarmwr wedi ca'l ei dristáu yn ofnadw ar ôl colli Carlo, ei gi defed ffyddlon, ac yn teimlo yr hoffai roi angladd parchus iddo, rhywbeth gwell na'i gladdu yn y ca' tu ôl i'r tŷ. Felly, dyma fe'n mynd i weld y gweinidog, gan ofyn iddo fe a alle fe gladdu'r hen Carlo, a rhoi 'gwd send off' iddo fe.

'Na,' oedd ateb y gweinidog, ond fe wyddai am ryw sect newydd oedd wedi dod i'r ardal a'u bod nhw'n gwneud gwasanaethau i gladdu anifeiliaid.

Dyma'r ffarmwr yn troi i fynd, ond cyn mynd dyma fe'n gofyn, 'Dwedwch wrtha i, rown i wedi meddwl rhoi cyfraniad ariannol i bwy bynnag fydde'n claddu Carlo. Ydych chi'n meddwl y bydden nhw'n hapus ar £500?'

O glywed hyn, dyma'r gweinidog yn ei alw yn ôl gan ddweud, 'Mr Jones bach! Pam na fyddech chi wedi dweud mai Methodist oedd Carlo!?'

Treilars Ifor Williams

Ma pawb sy'n gyrru yn gorfod dilyn y rhain. Ydyn nhw'n hela chi i regi? Ma nhw'n gallu bod yn boen yn y bechingalw, felly fel ffarmwr bach fy hunan, ga i ymddiheuro am unrhyw anghyfleustra ry'n ni wedi'i achosi i chi i gyd. Ond – oes, ma 'na bob amser 'ond', – y'ch chi'n gweld, mae'r rhain yn werth y byd i'r amaethwr. Dwedwch wrtha i, be 'nelen ni heb dreilar Ifor Williams?

Fe gofiaf pan own i'n grwt ysgol, a rhai blynydde ar ôl gad'el, am yr hunlle honno o gerdded rhyw hanner cant o ŵyn tew o'r ffarm i fart Tregaron efo Nhad, taith o ryw dair milltir. Gyda chymorth y cŵn, a finne'n medru rhedeg yn weddol chwim bryd hynny, byddwn yn dod i ben yn syndod am y ddwy filltir a hanner gyntaf, ond roedd rhan ola'r daith yn gallu bod yn hollol hunllefus. Wrth i ni ddod i lawr ffordd y mynydd a chyrraedd stryd y pentre dyma ble, yn fy marn i, roedd yr ŵyn yn penderfynu newid rhywogaeth a throi'n haid o wningod a dechre sgathru i bob twll a chornel, gardd a lawnt. Gwelais rannau o Dregaron nad own i erioed wedi'u gweld o'r bla'n a chofiaf

am un oen yn glanio mewn siop. A nage, dim siop bwtsher, dyw hyd yn oed defed ddim mor dwp â 'na!

Ar ôl gwylio hynt a helynt ceisio gyrru defed ar un o gyfresi S4C, *Y Porthmon*, 'wy'n siŵr fod pob ffarmwr, fel finne, yn dweud... diolch... ie, diolch yn fawr am dreilars Ifor Williams.

Wrth gwrs, ma nhw'n gallu bod yn ddefnyddiol ar gyfer gymaint o wahanol bethe! Ar wahân i gario anifeiliaid gallan nhw gario dodrefn. Ac os ewch chi i amal ddigwyddiad cefen gwlad yn ystod yr haf, fe welwch dreilar wedi'i droi'n gaffi bach am y dydd. Ydw, mi ydw i wedi yfed sawl paned o de a basned o gawl mewn treilar. Ac 'wy'n cofio gweld unwaith, far bach *home-made* mewn un, ond gwell peidio dweud ym mhle. Ac mae treilar Ifor Williams yn lle da i gael noson o gwsg, neu o leiaf i roi to i amal un, yn ystod y Sioe Fawr.

Ond y peth pwysica amdanyn nhw yw eu bod yn ca'l eu gwneud yma, yn ein gwlad fach ni, mewn ffatrïoedd yng ngogledd Cymru a bellach yn cael eu gwerthu dros y byd i gyd. Felly, y tro nesa fyddwch chi'n dilyn treilar Ifor Williams, cyn i chi ddechre rhegi, cofiwch eich bod chi'n dilyn eicon Cymreig. Ydw, 'wy'n cynnig bod y treilars o Gorwen yn cael eu gwneud yn aelodau o'r Orsedd! Beth y'ch chi'n weud?

§

Heddwas yn stopo ffarmwr ar hewl yng nghefen gwlad ac yn dweud wrtho fod golau coch cefn ei landrofer ddim yn gw'itho.

Ar ôl mynd allan i weld beth oedd yn bod dyma'r hen ffarmwr yn dechre llefen yn ddireoleth. O'i weld mewn ffasiwn stad dyma'r heddwas yn dweud,

'Dewch, dewch nawr, sdim ise bod fel hyn! Dim ond un gole coch yw e, wedi'r cwbwl.'

'Gole coch! Dw i ddim yn becso am ole coch!' atebodd y ffarmwr mewn gofid. 'Ble ma'n *horse box* i wedi mynd? 'Na beth sy'n 'y mecso i!'

Y Mynydd

Bob tro y bydda i'n clywed rhyw ganwr enwog yn canu 'Aros mae'r mynyddau mawr, Rhuo trostynt mae y gwynt', fy ymateb i yw... diolch byth am hynny, fe fydden ni mewn tipyn o drwbwl 'sen nhw'n dechre symud ambiti. Ond rwy'n cytuno'n llwyr â'r ail linell, ac fe alla i ddweud o brofiad ei bod hi'n gallu bod yn blincin oer yno hefyd, yn enwedig pan fydd y gwynt yn dod o'r dwyrain yn y gaeaf.

Ydy, mae'r mynydd wedi bod yn wrthrych rhamantus iawn i'r bardd ac i'r artist ar hyd yr oesoedd, gyda phob un yn ei ffordd ei hun yn hoffi canu ei glodydd. Mae'r mynyddoedd hefyd dros y byd i gyd wedi bod yn her i ddringwyr, a llawer un wedi dod i enwogrwydd wrth fod y cyntaf i'w orchfygu ac i allu aros ar y brig a dweud mai ef oedd y cyntaf i gyrraedd y copa. Mae amrywiaeth tirwedd y mynyddoedd fel pot jam i wenyn, yn dod â phobol allan i gerdded y llwybrau i'r copaon. Ond credwch chi fi, ma 'na dro cynffon mochyn yn yr hen fynydd. Ie, bachan dauwynebog yw'r mynydd ac fe all e dwyllo'r gore ohonon ni hyd yn oed yn ystod misoedd yr haf heb sôn am y gaeaf. A dweud y gwir, dw i ddim yn credu y gall unrhyw fardd nac artist ddweud y stori'n iawn os nad yw e wedi ca'l y profiad o fyw ar y mynydd yn ystod y pedwar tymor.

Mae ystadege'n dangos yn glir fod pobol ddibrofiad, sydd yn mynnu mynd i gerdded neu ddringo'r mynyddoedd heb baratoi na dangos unrhyw barch tuag ato, yn dod i drybini erchyll a hyd yn oed yn colli'u bywyde ar adege. Fel un a gafodd ei eni a'i fagu ar fferm fach fynyddig ac yn dal i ffermio yno, galla i ddweud o brofiad fod y mynydd wrth ei fodd yn rhoi cic yn eich pen ôl os meiddiwch chi ei herio.

Un wers a ddysgais yn gynnar iawn ar

ôl gadel ysgol, a finne'n llawn awydd a hyder y gallwn i ffermio trwy ddefnyddio'r un dullie â fy ffrindie oedd yn amaethu ar lawr gwlad. Wel, na! Na oedd ateb y mynydd bron bob tro. Bydde'r ffarmwr llawr gwlad â hanner dwsin neu fwy o ddefed yr acer yn amal a dau, neu hyd yn

oed dri, crop o wair neu silwair yn ca'l gwanwyn cynnar. Ar y llaw arall byddwn i ar y mynydd, ie efo fy un nafad yr acer, neu ddafad a hanner fan bella, yn gorfod prynu llawer o wair am fod gwanwyn yn ddim ond gair mewn geiriadur amal i flwyddyn ac os bydde'r gwartheg sugno allan erbyn y cyntaf o Fehefin, wel, haleliwia! Dyw'r mynydd ddim yn croesawu pob creadur i ymgartrefu arno, a rhaid gofalu ceisio cadw caledwch cynhenid y ddafad Gymreig. Ynfydrwydd llwyr fydde dod â rhyw dandem o ddafad Seisnig o lawr gwlad i dreulio gaeaf ar y mynydd. Paratoi brecwast i'r brain fydde gwneud hynny! Fe ddwedwn i mai'r wers bwysica i mi ei dysgu oedd i beidio ceisio twyllo natur ar y mynydd. Talu'n ddrud fydde'r gosb am wneud hynny bron bob amser.

Ond rhag i chi feddwl 'mod i'n hollol negyddol, 'wy'n gwybod cystal ag unrhyw un fod y mynydd yn gallu cynnig pleserau arbennig i ddyn. Does unman gwell os y'ch chi ise tawelwch neu am gael lle unig i fod ar eich pen eich hun a chael cyfle i ddianc rhag twrw'r byd. Os mai am fod yn agos i fyd natur yw eich nod, neu am dderbyn yr her i gerdded, wel does unlle yn debyg i'r mynydd. Ac ar ôl i chi gyrradd y copa wel, dyna i chi brofiad! Fe gewch olygfeydd unigryw a pherspectif newydd o'r byd o'ch cwmpas a falle ambell brofiad bach gwahanol, fel y cefais i.

Anghofia i fyth y noson honno ym mis Mai, 1969. Nawr, dyna gliw i chi i ddechre. Rown i'n dod i ddiwedd y tymor ŵyna ar y ffarm ac felly rhaid oedd dringo'r mynydd yn fynych i fugeilio'r praidd yno. Ar y noson arbennig honno, wedi diwrnod o waith allan ar y caeau, dyma fynd am y mynydd tua hanner awr wedi chwech. Rown yn mynd ar dipyn o frys am 'mod i ise bod adre erbyn hanner awr wedi saith i weld *Top of the Pops* ar y teledu. O do, fe fues inne'n ifanc unwaith! Beth bynnag, fe weles i ryw bedwar o ddynion yn cerdded yn y pellter gan fynd o'r golwg dros ochor y bryn.

Ymhen tipyn, fe gyrhaeddes i'r union fan lle y diflannodd y criw a heb feddwl dim, ymlaen â fi ar hyd yr un llwybr. Yno, yr ochor arall i'r bryn, roedd y dynion wedi aros. Yn sydyn reit, mi ddes wyneb yn wyneb â nhw a sylweddoli'n fuan iawn fy mod o fewn llathen neu ddwy i fyfyrwyr o goleg Aberystwyth. Nawr 'te... 'na i chi gliw arall!

Ie, chi'n iawn! Rown i, yn fy nillad bob dydd, yng nghwmni'r Tywysog Charles. Anghofia i fyth mo'r eiliad honno. Ches i ddim amser i feddwl sut oedd ei gyfarch yn iawn wedi i fi ga'l 'y nghyflwyno iddo gan un o'i warchodwyr. Fe geson ni sgwrs ac ar ôl rhai munude gofynnodd i fi a fydde hi'n iawn iddyn nhw ga'l picnic ar y mynydd – chware teg, dim pawb sy'n gofyn! Aeth yr ymwelwyr annisgwyl am eu picnic, es inne adre i ga'l swper ac i wylio *Top of the Pops*, a gad'el fy rhieni'n gegrwth efo fy stori anghredadwy.

Rai blynydde yn ôl, pan glywes i fod y Tywysog Charles a'i wraig wedi prynu ffarm ger Llandyfri, rown i'n lico meddwl falle ei fod e wedi dweud wrtho fe'i hunan y noson honno – wrth iddo fwynhau ei bicnic a'r olygfa hyfryd sydd i'w gweld o'n mynydd ni – 'Rhyw ddydd, ar ôl i fi dyfu lan, rwy am fod yn ffarmwr fel y bachan 'na gwrddais i ag e heno'. Wel, os gredwch chi 'na, fe gredwch chi unrhyw beth!

Pe bai cyfoeth yn ca'l ei gyfri yn ôl faint o fynyddoedd sydd mewn gwlad, fe fydde ein Cymru fach ni werth ceiniog neu ddwy. Allen i weud fel y dywed y Sais, 'There's gold in them there hills'. A chyda'r pwyslais ar gynhyrchu ynni glân yn dod yn bwysicach bob dydd, pwy a ŵyr? Beth bynnag! Os y'ch chi'n paratoi i fwrw am y mynydd er mwyn amaethu neu fynd yno i fwynhau, yna cofiwch fod y mynydd yn mynnu parch a bod ganddo ei reolau ei hun. A plis caewch y gatie ar eich ôl neu bydd y defed wedi crwydro ac yn boen i ni'r ffermwyr! Diolch. Wel, os cofiwch chi neud hynny, fe gewch chi, a ni'r ffermwyr, amser da. Mwynhewch...

§

Fe glywes i fynyddwr enwog yn ca'l ei gyfweld unwaith a phan ofynnwyd iddo pam roedd e'n dringo mynyddoedd, ei ateb oedd, am eu bod nhw yno!

Wel, wrth edrych ar y mynyddoedd serth, uchel o 'nghwmpas i, dyna'r union reswm pam y byddwn i *ddim* yn eu dringo nhw.

Y Beic Cwad

Pan own i yn yr ysgol, fy ngorchwyl dyddiol i ar y fferm, o ddechre mis Ebrill hyd tua canol mis Mai ar ôl i fi gyrra'dd adre a cha'l te, oedd cerdded i fugeilio'r defed a'r ŵyn ar y mynydd. Taith fydde'n cymryd rhyw awr a hanner fel arfer. Wrth gwrs, bydde'r amser a gymerwn yn dibynnu ar sut y teimlwn cyn dechre – ambell bnawn, rhyw lusgo tra'd blinedig fydde hi, ac ar ddiwrnod arall fe fyddwn yn mynd fel *whippet*. Ond ma un peth yn aros yn y cof. Ar ambell noson pan fydde'r tywydd yn dwym a chlòs, fe fyddwn i'n breuddwydio, wrth gerdded drwy ffosydd y mynydd neu ddringo ambell fryncyn, mor braf fydde bywyd pe bai rhyw fath o gerbyd i'w yrru o amgylch y praidd. Nawr, bydde hynny'n lot o sbort i grwt wedi iddo fe ddod adre o'r ysgol.

Wrth gwrs, breuddwyd a wyddwn na châi byth mo'i gwireddu oedd hi, ie, breuddwyd gwrach fydde hynny. Pa fath o gerbyd a allai fynd i fannau nad oedd yn ddigon diogel i neb allu cer'ed arnyn nhw, dyn na cheffyl bryd hynny? Ond sefwch funud, ymhen rhai blynydde, ie, draw yn Siapan, fe grëwyd gan gwmni beicie modur, y rhyfeddol... beic cwad. Yn ôl yr hyn a ddeallaf, fe grëwyd y beic cwad gwreiddiol nid ar gyfer yr amaethwr ond ar gyfer teithio anialwch y Sahara a dim ond wedyn y sylweddolwyd ei werth wrth allu mynd ar dir amaethyddol. Bellach, mae e wedi dod yn rhan o ddodrefn y ffarm, un eitha costus serch hynny, achos fe allwch dalu rhywbeth rhwng tair mil ac wyth mil o bunnodd am un newydd, hynny wrth gwrs yn dibynnu ar ei faint a'i bŵer. Erbyn hyn, mae rhai ohonyn nhw mor bwerus â'r hen Ffergi bach cyntaf hwnnw.

Y cwad cyntaf a ges i oedd un tair whilen, dim lot yn fwy na'r un oedd gen i'n bump oed, ond doedd dim rhaid pedlo hwn. A dweud y gwir, er nad odd e'n bwerus, roedd e braidd yn ddanjerus am 'i fod e'n ysgafn ofnadw yn y tu bla'n. Un diwrnod, pan own i'n croesi nant fach wrth fynd â dwysfwyd ar gefen y beic i'r defed, fe benderfynodd y beic, wrth i mi ddringo allan o'r nant, gael gwared o'r llwyth. Fe gododd ar ei ben ôl a'r eiliad nesa roedd y whilen fla'n yn gwynebu am y nefoedd a finne'n gorwedd ar 'y nghefen yng nghanol dŵr oer, oer, mis Ionawr.

'Wy'n dal i gofio'r teimlad hyd heddiw wrth i oerfel y dŵr lifo dros fy nghnawd a oedd yn gynnes cyn i fi gyrraedd y nant.

Atgof arall sy gen i yw pan own yn mynd â lluni'eth i'r defed, lan i'r mynydd unwaith 'to. Nawr, ma'n rhaid i chi gofio un peth, fe allwch chi stopio beic cwad a hwnnw'n dal mewn gêr. Beth bynnag, wedi i mi ddod oddi arno, wnaeth y throtl ddim llacio fel y dylai a bant â'r cwad fel roced, heb neb ar ei gefen. Finne'n gneud 'y ngore i redeg ar ei ôl e ond roedd y beic yn mynd fel cath i gythrel. Roedd y cyfan fel golygfa gomic allan o ffilm *Carry On*. Po bella oedd y beic yn mynd oddi wrtha i, mwya i gyd oedd hunlle'r sefyllfa a welwn o fla'n fy llyged. Rown i'n dyst i feic cwad, a hwnnw'n werth rhai miloedd, yn dianc o grafangau ei berchennog, a hwnnw heb geiniog o insiwrans arno. Wel ta beth, ennill tir roedd e'n ei neud arna i bob eiliad a finne erbyn hyn allan o wynt yn lân. Felly, allwn i neud dim ond sefyll yno ac edrych arno'n taranu'n gynddeiriog o'r golwg dros y bryn. Gwyddwn wrth gwrs mai dim ond llechwedd oedd yn ei aros yr ochor draw ac anferth o gwm ar y gwaelod. Doedd dim i'w ddweud felly ond ta ta wrtho am byth ac fe gyhoeddes ei angladd yn barchus yn y fan a'r lle. Angladd breifet oedd yn ei aros wrth gwrs, dim ond y fi, a fe'n ddarne. Wel, wrth ddod at dop y bryn yn ddigon penisel, allwn i ddim credu'r hyn a welwn. Am ryw reswm, roedd y cwad wedi troi i'r chwith ac wedi mynd i ganol y gors. Ac yno roedd e'n sownd dros ei ben mewn man gwlyb iawn yn y gors a'i beiriant wedi tagu a stopio yn y gwlybanieth. O, am ryddhad! Doedd e ddim tamed gwa'th. Mi ddes i i'r casgliad ei fod e wedi cyrradd rhyw groesffordd yn ei fywyd wrth fynd i lawr y bryn a phenderfynu ei fod e am fyw. A chredwch chi neu beidio, fe fihafiodd y throtl am weddill oes y beic gyda fi. Sdim dowt na chafodd e ei hunan hefyd lond twll o ofan y diwrnod hwnnw.

Yn sicr fe all y cwad fod yn beiriant danjerus iawn, ac mae hi mor rhwydd i ni gyd fynd yn rhy gyfarwydd â'i yrru – gofal piau hi, ddwedwn i. Ond fel ma Jonsi yn dweud yn amal, mae e 'Werth y byd i gyd yn grwn' i ni. Ac mae ei ddefnydd at wahanol dasgau ganddon ni'r ffermwyr yn ddiddiwedd. Yn wir, ma'r cwad yn amhrisiadwy wrth gario ambell ffarmwr sy bron yn rhy ffaeledig i gerdded o gwmpas ei stad, heb sôn am y rheiny sy ddim cweit mor ffaeledig! 'Wy'n siŵr y bydde rhai ffermwyr wedi gorfod riteiro ers blynydde pe na bai'r beic cwad mewn bodolaeth. Dw i ddim wedi cyrra'dd y fath stad eto! Ond fydda i'n gweld ei eisie ac yn ei werthfawrogi'n fawr pan fydda i'n eistedd ar y sedd yn barod i fynd a sylweddoli ei fod wedi rhedeg allan o betrol. Sdim amdani wedyn ond gorfod ei ad'el ar y clos a rhoi tra'd yn tir!

Ma'r cwad yn beiriant rhyfeddol o syml, bron y gallwch ddweud nad yw e'n ddim ond peiriant ar bedair balŵn, a dyna fe! Syml yw pob syniad neu ddyfais dda. Ond pam na feddyliais i am y syniad pan own i'n grwt ysgol yn breuddwydio? Fe allwn fod yn filiwnydd ddege o weithie drosodd yn gwerthu'r cwads, yn lle gorfod eu prynu nhw. Falle y byddwn i'n un o'r panel ar *Dragons' Den* erbyn heddi. Ond 'na fe! Sdim o'i le mewn breuddwydio, oes e?

§

Dyn yn gyrru lorri ar y draffordd, ac yn sydyn dyma ddyn yn curo ar ffenest drws y lorri. Roedd beiciwr yno, yn sefyll ar ben sedd ei fotor-beic wrth yrru ac yn gwneud arwydd ar yrrwr y lorri ei fod eisiau tân i gynnau ei sigarét. Yn ei syndod dyma'r gyrrwr yn agor ffenest ei lorri a gweiddi,

'Bachan! Bachan! Gallech chi ladd eich hunan yn neud rhywbeth twp fel'na.'

A dyma'r gyrrwr motor-beic yn ateb,

'Na, peidwch bod yn sili, dim ond tair sigarét 'wy'n smoco bob dydd.'

Gwlân

Falle eich bod chi wedi clywed yr hen rigwm sy'n mynd fel hyn:

Mae'n bwrw glaw allan,
Mae'n hindda'n y tŷ,
Mae merched Tregaron
Yn nyddu gwlân du.

Wel, 'se merched Tregaron yn hela'u hamser yn nyddu gwlân du y dyddie hyn, fe ddwedwn i wrthyn nhw, 'Pacwch y job lan nawr a cerwch i 'whilo am rywbeth gwell i neud, achos ma gwlân gwyn yn ddigon di-werth, ond am wlân du, gadwch e ble ma fe!' Mae'r Bwrdd Marchnata Gwlân yn 'i drafod e fel gwenwyn ac yn bygwth cosbi'r ffarmwr os bydd e'n 'i roi e yn yr un sach â'r gwlân gwyn. Cofiwch, sai'n gwbod llawer am wlân ond wela i

ddim byd yn wahanol rhwng gwlân du a gwlân gwyn, ar wahan i'w liw e. Yr unig beth 'wy'n gwybod am wlân yw ei fod e'n tyfu ar gefen y ddafad er mwyn rhoi cynhesrwydd a'i fod e'n gymorth i gadw gwlyborwch o groen y ddafad. O ie, 'wy'n gwybod un peth arall am wlân a hynny yw 'mod i, fel ffarmwr, yn gorfod ca'l y cnu bant o gefen y ddafad unwaith y flwyddyn a'i roi e mewn sach fawr a'i hela fe i'r Bwrdd Marchnata Gwlân ac yna fe dderbynia i siec amdano fe. Bydd honno wastad yn rhoi sioc i fi. Mae'n dipyn o jôc a dweud y gwir, yn well jôc na dim un a glywch chi fyth ar *Noson Lawen*. Ond rhaid prysuro i ddweud mai achos bod y siec mor isel yw hynny a bod cwymp wedi bod mewn pris gwlân yn ystod y pymtheg mlynedd diwethaf. Y rheswm am hynny, medden nhw, yw bod y galw byd-eang amdano wedi syrthio. Ond mae ambell gwestiwn yn codi, serch hynny, ac un ohonyn nhw yw pan welwch chi ddilledyn wedi ei wneud o wlân pur, wel bydd ise llond waled o arian arnoch chi i'w brynu. Ac wrth feddwl am bris gwlân, pam nad oes mwy o ddillad gwlân ar ga'l am *buy one get one free* yn y siope?

'Wy'n gwybod fod gyda ni'r ffermwyr enw drwg am gwyno – a dyw hynny ddim yn wir, wrth gwrs – ond dyma un gŵyn i chi! Fe wnes i ymchwil bach personol y dydd o'r blaen. Wel, rhowch

hi fel hyn, fe holes i'r wraig faint oedd
hi'n dalu am wlân i wau dilledyn. Fel
pob dim arall mae'r pris yn amrywio o
siop i siop, mae'n dibynnu ar ei drwch, ei
liw a'i ansawdd. Wel, tra bo fi'n derbyn
rhywbeth fel 40c y cilo am y gwlân, fe
all y siopwr ofyn am o leia £10 y cilo.
A does dim sens o gwbwl yn hynny, na,
dim sens! Falle bod ise agor y farchnad a
thorri monopoli'r Bwrdd Gwlân. Wrth
gwrs, rhaid sylweddoli nad oes cyment
o alw am wlân y dyddie hyn dros y byd
ac wrth i fi edrych ar y dillad 'wy'n eu
gwisgo'r eiliad hon, rhaid i fi gyfadde nad
oes llawer o wlân ar fy nghorff i. Felly,
cau ceg sy ore falle?

Bydd Llefarydd Tŷ'r Arglwyddi'n
eistedd ar sach sy'n llawn o wlân ac wedi
bod yn gwneud hynny ers y bedwaredd
ganrif ar ddeg. Awtsh! Y rheswm am hynny
mae'n debyg yw am mai gwlân oedd y
cynnyrch mwya gwerthfawr yn y wlad yr
adeg honno... Yr unig beth weda i yw
eu bod nhw'n lwcus nad oedd y Bwrdd
Marchnata Gwlân yn bodoli bryd hynny,

achos fe fydden nhw wedi rhoi stop ar yr holl nonsens 'na yn weddol glou.

Y Ffŵl

Pan adawes i'r ysgol
Yn bymtheg o'd
Es i adre i ffarmo,
Fel 'na oedd hi i fod.

Rodd gen i gynllunie mawr
I wneud miloedd o bunne
A chadw cannodd o ddefed
Ar ben y mynydde,
Llond beudy o fuchod
A dege o loi,
Yn bymtheg o'd
O'n ni'n dipyn o foi.

Ond dros y blynydde
Ges i lot o brobleme –
Ambell hen fuwch yn bwrw'i llo,
A bilie o'r Co-op mor uchel â'r to.
Lloi bach yn trigo
Achos gormod o bibo,

Doso, injecto,
A bilie'r fets yn peilo a peilo.
Ffliwc ar y defed,
Cynrhon yn y stumog,
Clefyd ar yr ieir
A'r tarw'n gynddeirog.
Y cathod yn peswch
Ar ôl dala'r ffliw,
A'r donci'n penderfynu
Doedd e ddim ise byw.
Whain ar y cŵn,
Llou ar y gath,
A'r fuwch yn colapso
Achos y dwymyn lath.
Colli cae-ed o wair
Achos rhacsyn o feler,
A'r dom yn pallu dod mas
O ben ôl y myc spreder.

Wrth odro un diwrnod
Yn iste ar stôl,
Cicodd y fuwch fi
Yn 'y mhen ôl.
Es i mas drwy ddrws y beudy
Fel *cannon ball*
A'r bwced yn dilyn,
Ac wedyn y stôl.

Sêlsmen yn galw,
Yn gwerthu popeth dan haul
I ddefed sy'n sâl
Ac yn edrych yn wael.
Pob un mewn car newydd
Yn sheino fel gât,
A fi mewn fan rhacs
Sy'n dipyn o stât.

Dyn ministri'n galw
Ac wedyn boi'r VAT
A'r ddou yn mynd o 'co
Heb gau yr un gât.
Defed ar rhewl,
Plismon yn ffono,
Os na ddelen i glou
Fe gelen i'n ffeino.
Ond wedes i'n strêt,
'Nawr pidwch gofidio,
Ffonwch y banc –
Ddo'n *nhw* i mo'yn eu heiddo.'

Cadno'n lladd twrcis
Dou ddiwrnod cyn Dolig,
A Mari y wraig
Yn troi'n alcoholig.

Glaw yn pwdru'r swêds,
Rhew yn lladd y pys,
Erbyn diwedd y cwbwl
O'n i ddim berchen 'y nghrys.
Dyma fe'r banc manijer yn ffono,
Ac wrth i fi wrando
Roedd e'n swno'n foi wedi panico,
'Dewch i 'ngweld i heno
Cyn af i'n wallgo.'

Ces i baned o de
A phlated o gacs,
Ac wedyn fe wedodd e
'Mod i 'di mynd yn rhacs.
A pry'nny sylweddoles
'Mod i mewn tomen o fês.
Ges i bils 'da'r doctor
I helpu 'da'r strès.

Ond wedi mynd adre
Ma fi'n dechre considro,
'Rôl blynydde o slafo
A nosweithe o fecso,
Fe ddes i'r canlyniad
Mai dim ond ffylied sy'n meddwl am ffarmo.

Gorchmynion i'r Ffarmwr

1. Na ladd unrhyw swyddog Defra neu fe golli di dy daliad sengl.

2. Na ladrata hwrdd dy gymydog rhag ofn iddo fod yn ddiffrwyth.

3. Na rega dy gi defed a'i orchymyn i fynd adre, rhag ofn iddo benderfynu mynd â'th adel mewn mwy o dwll nag oeddet ti cynt.

4. Na chicia dy gi defed, rhag ofn iddo droi arnat ti a'th frathu, a thithau'n gorfod ca'l pigiad tetanus a llyncu tabledi ac efallai colli'r Royal Welsh.

5. Na chwennych beirianne dy gymydog, rhag ofn mai eiddo'r banc y'n nhw.

6. Paid â cheisio saethu unrhyw frân neu jac-do, rhag ofn i ti fethu, a lladd y barcud coch.

7. Os nad wyt am gosbi dy hun a'th holl deulu, paid ag ymestyn dy dymor ŵyna o fis Rhagfyr i fis Ebrill.

8. Na wranda ar unrhyw arolwg tywydd. Gwell fydd i ti stico dy ben allan drwy'r ffenest i weld a ydy hi'n glawio.

9. Paid ag anghofio pen-blwydd dy wraig, rhag ofn iddi hithau anghofio llenwi'r ffurflenni treth ar werth!

10. Os wyt ti'n casáu gwaith papur, prioda ysgrifenyddes.

11. Paid â wincio ar ferch mewn unrhyw farchnad, rhag ofn iti fynd adre â buwch yn gwmni!

CYFRES TI'N JOCAN

hiwmor
IFAN TREGARON

yLolfa

Ifan Gruffydd

£3.95

Am restr gyflawn o lyfrau'r Lolfa, mynnwch
gopi o'n catalog newydd, rhad
neu hwyliwch i mewn i'n gwefan

www.ylolfa.com

lle gallwch archebu llyfrau ar lein.

TALYBONT CEREDIGION CYMRU SY24 5HE
ebost ylolfa@ylolfa.com
gwefan www.ylolfa.com
ffôn 01970 832 304
ffacs 832 782